CHRISTIAN HABICHT

KATZEN
CARTOONS

W0014664

© privat

Christian Habicht,
geboren 1962 in Jena,
ist seit 2006 freiberuflich als Illustrator
und Cartoonist für verschiedene Zeitungen
und Magazine tätig.
Der Vater zweier Töchter gestaltet neben
zahlreichen Hausaufgabenheften auch
Bastelblöcke, Ausmalhefte, Stickerhefte,
Puzzlebücher sowie Schultüten.
Für seine Arbeiten wurde er mehrfach
ausgezeichnet. Zuletzt erschienen von
ihm bei Bild und Heimat
die Cartoonbände *Lehrer* (2016) und
Durchkommen als Oma & Opa (2016).

CHRISTIAN HABICHT

KATZEN
CARTOONS

Von Christian Habicht liegen bei Bild und Heimat außerdem vor:
Durchkommen als Oma & Opa (2016)
Lehrer (2016)
Hilfe, ich habe Rücken! (2015)

ISBN 978-3-95958-091-5

1. Auflage
© 2017 by BEBUG mbH / Bild und Heimat, Berlin
Gesamtgestaltung: Christian Habicht
Druck und Bindung: Graspo CZ, Tschechische Republik

Ein Verlagsverzeichnis schicken wir Ihnen gern:
BEBUG mbH / Verlag Bild und Heimat
Alexanderstr. 1
10178 Berlin
Tel. 030 / 206 109 – 0

www.bild-und-heimat.de

Wenn Bankerkatzen ins Kästchen gehen.